Teresita Franzl Moreno

Yo soy Ticas,

Teresita Franzl Moreno

Yo soy Ticas,

del Pueblo-Nación Comechingon

PUBLICACIONES UNIVERSITARIAS ARGENTINAS

Impresión
Informacion bibliografica publicada por Deutsche Nationalbibliothek: La Deutsche Nationalbibliothek enumera esa publicacion en Deutsche Nationalbibliografie; datos bibliograficos detallados estan disponibles en Internet en http://dnb.d-nb.de.
Los demás nombres de marcas y nombres de productos mencionados en este libro están sujetos a la marca registrada o la protección de patentes y son marcas comerciales o marcas comerciales registradas de sus respectivos propietarios. El uso de nombres de marcas, nombres de productos, nombres comunes, nombres comerciales, descripciones de productos, etc incluso sin una marca particular en estos publicaciones, de ninguna manera debe interpretarse en el sentido de que estos nombres pueden ser considerados ilimitados en materia de marcas y legislación de protección de marcas, y por lo tanto ser utilizados por cualquier persona.

Imagen de portada: www.ingimage.com

Editor: PUBLICACIONES UNIVERSITARIAS ARGENTINAS es una marca comercial de
Südwestdeutscher Verlag für Hochschulschriften GmbH & Co. KG
Heinrich-Böcking-Str. 6-8, 66121 Saarbrücken, Alemania
Teléfono +49 681 3720-271-1, Fax +49 681 3720-271-0
Correo Electronico: info@svh-verlag.de

Publicado en Alemania
Schaltungsdienst Lange o.H.G., Berlin, Books on Demand GmbH, Norderstedt,
Reha GmbH, Saarbrücken, Amazon Distribution GmbH, Leipzig
ISBN: 978-3-8454-6041-3

Imprint (only for USA, GB)
Bibliographic information published by the Deutsche Nationalbibliothek: The Deutsche Nationalbibliothek lists this publication in the Deutsche Nationalbibliografie; detailed bibliographic data are available in the Internet at http://dnb.d-nb.de.
Any brand names and product names mentioned in this book are subject to trademark, brand or patent protection and are trademarks or registered trademarks of their respective holders. The use of brand names, product names, common names, trade names, product descriptions etc. even without a particular marking in this works is in no way to be construed to mean that such names may be regarded as unrestricted in respect of trademark and brand protection legislation and could thus be used by anyone.

Cover image: www.ingimage.com

Publisher: PUBLICACIONES UNIVERSITARIAS ARGENTINAS
is an imprint of the publishing house
Südwestdeutscher Verlag für Hochschulschriften GmbH & Co. KG
Heinrich-Böcking-Str. 6-8, 66121 Saarbrücken, Germany
Phone +49 681 3720-271-1, Fax +49 681 3720-271-0
Email: info@svh-verlag.de

Printed in the U.S.A.
Printed in the U.K. by (see last page)
ISBN: 978-3-8454-6041-3

YO SOY TICAS
Del pueblo nación comechingon

NOKA KANI TICAS
Teresita Franzl Moreno
Quinta generación de Felisa Castro
Descendiente del Pueblo Comechingon

Un pueblo que oprime a otro no puede ser libre.
Dionisio Inca Yupanqui

Los humanos hemos alterado el orden de lo sagrado
Los daños que hemos causado, nos devuelven las consecuencias a inmediato plazo.
Toda la sangre sabia de esta tierra ,está abriendo registros antiguos, para ayudarnos a caminar, desde lo que nos dignifica en nuestra condición de Humanos.
Es una invitación a retornar a nuestra "verdadera naturaleza"

Al pueblo Comechingon por justicia.

A mí abuela y mis nietos por amor.

A Naim que vino a manifestar el Espíritu. Por la esperanza.

Los filósofos europeos así hablaban del nuevo continente descubierto.

Voltaire Francisco. Escritor, poeta y pensador francés, abarcó todos los géneros literarios y fue jefe de la nueva escuela filosófica. Sus ideas ejercieron una gran influencia en el espíritu público del siglo XVIII. Nació en 1694 y murió en 1778. Voltaire es tributario de la teoría climática de Hume, historiador ingles (1711 - 1776) .

Hay alguna razón para pensar que todas las naciones que viven más allá de los círculos polares o entre los trópicos son inferiores al resto de la especie. Los pueblos alejados de los trópicos han sido siempre invencibles

Para Voltaire en América hay pocos habitantes en virtud de los pantanos que hacen malsano el aire y porque sus naturales son perezosos y estúpidos. No le asombraría saber, dice enterarse que en América hay más monos que hombres y no se ha encontrado sino un sólo pueblo dotado de barba.

Su ciencia aún sorprende cuando dice que en México los puercos tienen el ombligo en el espinazo, aunque cuenta con corderos grandes y robustos. Los leones de América, en cambio, son enclenques, cobardes y pelados.

El abate de PAW célebre por sus obras en Europa, afirma que en el clima Americano muchos animales pierden la cola, que los perros ya no saben ladrar, que la carne de vaca es incomible y sobre todo el camello se vuelve impotente. Lo mismo ocurre con los Peruanos que son impúberes, muestra de su degeneración como ocurre con los eunucos.

El tema de los Incas lo muestra igualmente certero cuando afirma que en Cuzco había una casucha donde ciertos ignorantes titulados, llamados amautas, que no sabían leer ni escribir, enseñaban filosofía a otros ignorantes que no sabían hablar.

Texto pronunciado en la sesión del 16/12/1810 por Dionicio Inca Yupanqui en la corte de Cádiz.

He venido a decir con el decoro que profeso verdades amarguísimas y terribles. No haré alarde ni ostentación de mi conciencia; pero si diré que reprobando esos principios arbitrarios de alta y baja política empleados por el despotismo que V. M. no querrá hacer propio suyo este pecado gravísimo de notoria y antigua injusticia en que han caído todos los gobiernos anteriores.
Señor la justicia divina protege a los humildes y me atrevo a asegurar a V. M. que no acertará a dar un paso seguro en la libertad de la patria, mientras no se ocupe con toda diligencia y esmero en llenar sus obligaciones con América.
Los gobiernos anteriores le han considerado poco y sólo han procurado asegurar las remesas de éste precioso metal, origen de tanta inhumanidad, del que no han sabido aprovecharse.
Le han abandonado al cuidado de hombres codiciosos e inmorales y la indiferencia absoluta con que han mirado sus más sagradas relaciones con este País de delicias ha llenado la medida de la paciencia del padre de las misericordias.
Apenas queda tiempo para despertar del letargo y para abandonar los errores y preocupaciones hijas del orgullo y vanidad. Sacuda V. M. apresuradamente las envejecidas y odiosas rutinas y bien penetrado de que nuestras presentes colonidades son el resultado de tan larga época de delitos y prostituciones; no arroje de su seno la antorcha luminosa de la sabiduría, ni se prive del ejercicio de las virtudes.
Un pueblo que oprime a otro no puede ser libre

Petrona Paredes. Nombre y apellido castellanos pero sangre y raíz del Abya Yala. Pareciera un nombre casual pero a su madre la elección del nombre le mantuvo el alma en vilo.

¿Cómo llamarla Rumi? ¿Cómo sin que se devele lo que debe quedar oculto?

La madre de Petrona debe mantener el pacto con su gente y ese pacto de silenciar la sangre dolía, dolía mucho.

Tres Trenzas Largas se llamaba la madre de Petrona. Su pueblo no se acostumbró nunca a nombrarla Asuncion Rodriguez, impuesto por extraños

Ella parió en un cambio de luna, y apretando un tiento entre los dientes ahogo el grito de cuclillas. Acompañada por mamacunas, entre cantos y sahumos recibió a su guagua.

En lenguaje dialectal pidió protección para su hija y lloró la suerte de su pueblo. Lloró la desdicha de saber que a su hija le negaría ese lenguaje dulce de su raza. Se iría apagando despacio el fuego de las palabras.

El abuelo de Tres Trenzas Largas era Naguan principal, con autoridad en un vasto territorio. Los conocían como Ticas, por ser éste el nombre del Naguan del que descendían todos. *Mogote* o *Cobre* era su significado en lengua castellana.

Ticas abuelo antiguo, conocedor de las hierbas que curan, labrador de chacaras, político, mediador, hacedor del fuego que cobija y de la antorcha encendida en la batalla. Desterrado; cimarrón, viviendo en cuevas como un paria, en lo más recóndito de la sierra. Indómito como puma.

Tres Trenzas recordaba cada palabra del horror vivido por los abuelos viejos, siempre narrado, una y mil veces.

Aún en aquel lugar alejado, a su abuelo que había muerto hacía poco tiempo se lo había respetado siempre como la autoridad de su pueblo.

Ella había aprendido a hablar el idioma extranjero y debía cumplir con la promesa de enseñárselo a sus hijos como una simple estrategia de preservarles la vida; pero en su sangre indómita corrían ríos de fuego.

Se llamará Petrona esta hija mía, Petrona piedra, pecana, conana, continente y contenido del hambre de justicia de mí pueblo, y meciendo a esa guagua recién nacida le contó toda su historia.

Le habló de su madre y de la madre de su madre y de todas las madres de aquella tierra. Le habló de su linaje valiente; de la magia capaz de transformar en pájaros a las mujeres de su pueblo. Le habló en el idioma que debería negarle para siempre.

> — Mi querida hija, naces para morir como yo he venido muriendo. Desde que he nacido se me obligó a ejercitar el olvido y convoco a la muerte cuando callo y es la misma muerte la que silencia el lenguaje que nos dieron los dioses. Usted mi guagua cargará con los velos que propician las noches sin luna y se ahogaran en mí los reclamos.

Tres Trenzas en esos días de sangrado estaba solo acompañada por su hija, cumpliendo rituales inmediatos a la parición.

A su madre que era princesa del Camin, le habían impuesto el nombre de Felisa Castro, era una mujer poderosa, conocía de sahumos que embriagan el espíritu. Ella podía transportarse en huayra muyos o ser el mismísimo huayra.

Esa noche vino para acompañar a su hija y a su nieta. Llegó haciendo sonar las chaquiras de su ropa, esa ropa que era tejida para ella por las mejores telanderas de su comunidad. A ella se le permitía el uso del cebil y del tabaco.

En un cuenco de arcilla acomodó la placenta de su hija y el cordón umbilical de su nieta y lo ofreció a la Pacha Mama, mientras acompañaba su canto con sonajeros de calabaza.

No se compadecía de su suerte, era del temple aguantador de tempestades. Tres Trenzas con su guagua entre los brazos la miraba hacer, atenta al latir de la tierra, comunicada con los que le hablan a través del rescoldo oloroso.

América vivía el holocausto. Córdoba del Tucumán no iba a escapar de las fauces del colonialismo. El territorio de los Ticas era potencialmente rico en minerales, paso y cría de mulares, evangelizacion obligada de la población indígena. Periferia de ese imperio colonial potencialmente rentable.

A partir de la década de 1750 en Córdoba, el gobernador Sobremonte como eficiente representante de las reformas Borbónicas, para un control efectivo del territorio, a fin de aumentar al máximo la rentabilidad de sus colonias, promovió una política de control de la población y del espacio geográfico en la periferia.

> Subsisten las costumbres rústicas, la ignorancia de la religión, el conocimiento verdadero de lo que debe el vasallo a su soberano; dificultándose la recaudación de sus justos derechos y la de los diezmos.

La real ordenanza de intendentes dividió el Virreinato del Río de la Plata en ocho intendencias: Buenos Aires, Paraguay, La Plata, Cochabamba, La Paz, Potosí, Salta y Córdoba. Córdoba pasa a ser cabecera de la gobernación incluyendo las jurisdicciones de Mendoza, San Juan, San Luis y La Rioja.

El mestizaje era otra realidad de la población de Córdoba. La madre de Tres Trenzas Largas, Felisa Castro, hija del Naguan principal estaba unida a Javier Rodríguez, esclavo negro, agregado a la comunidad de los Ticas en busca de amparo junto a la indiada.

En la memoria de Felisa, estaban grabadas las caras pintadas negras y rojas de los hombres, preparados para la guerra, dispuestos a la defensa de la sierra; su padre ya anciano, instándolos al combate. Su padre naguan principal, con autoridad en un vasto territorio. En cada combate, la luna era aliada escondida en el menguante. Silbidos que imitan trinos de pájaros guiándolos en la oscura noche, pintadas sus caras, como máscaras rojas y negras.

Cieza de León comenta:

> (...) dieron en ellos una noche con mucha grita y les incendiaron el Real y les mataron a flechazos veintitrés caballos.
> (...) fuimos a la provincia de los Comechingones, que es gente barbada y muy belicosa.
> (...) y el dicho escuadrón de los dichos indios era más de quinientos, puestos en buena orden de guerra.

Felisa recuerda la muerte reciente de su padre; la ceremonia en la que se abrió el espacio en la tierra que lo cobija; allí en compañía de los antiguos; siempre cerca; en posición vertical, de nuevo feto, próximo a nacer.

El antigal algunas noches parece cobrar vida y el viento acerca lamentos, rememora hambrunas. Desde la tierra se elevan las voces de las guaguas reclamando la leche que no pudieron beber de los pechos de sus madres o la tierra se estremece ante el recuerdo del chabalongo.

Entonces Felisa los consuela, canta con ternura y les acerca ofrendas, les habla, los nombra; cruza ese espacio que parece infranqueable, sabe como hacerlo y tiene el suficiente valor.

Felisa mira a su hija y a su nieta y piensa: “nuestro pueblo era grande y ahora casi nada quedamos. Nuestros Naguanes han sido hechos prisioneros con toda su familia y los que no han muerto a causa de tanto sufrimiento, andan de tristeza muriendo lejos de su tierra. Quilis, Cositonos y tantos muertos me vienen a la memoria... mucha, mucha gente!”

— ¿Qué piensa tanto, mama?

— En Guasapampa, en Charquina, en nuestros lugares sagrados. Quimacu mi hermano a ido hace unos días. Yo hubiera querido ir, pero no he querido arriesgarme. Estamos peligrando los pocos que quedamos libres.

Quimacu ha contado que se reunieron allá de las cuatro puntas y hubo una topada fuerte. Dice que hay hermanos que han podido pasar a la otra orilla, los cuerpos se les iban desdibujando, eran como de niebla. Desde donde estén van a poder ayudarnos a todos.

Nuestros cerros sagrados han protegido las entradas y se hacen invisibles a los ojos codiciosos de los blancos.

Varias lunas ha durado el encuentro. Los antiguos mucho les han enseñado. Allá se hizo la corpacha y leyeron en las achuras de las llamas.

Según observaciones de estudiosos: En Guasapampa se puede observar una clara selección y concentración de los paneles lo que sumado a la invisibilidad muestra una intención de ocultamiento. En el lugar no se evidencia ocupación de carácter doméstico.
En Guasapampa se puede hablar de conformación de LUGARES SAGRADOS.

Felisa piensa en los muchos hombres de su familia adentrándose en las entrañas de la tierra, extrayendo oro o plata, en ruin trato humano, extrayendo de los indios hasta la última de sus fuerzas vitales.

El tiempo parecía transcurrir en espacios paralelos; a los niños se les prohibía participar de las charlas de los adultos cuando hablaban en esa lengua entreverada que los niños no entendían. Las palabras que nombran dulcemente estaban negadas. Sus padres estaban empeñados en que usaran el lenguaje castellano.

Tres Trenzas ve a sus hijos crecer y se ve a ella misma cada vez más a la orilla del abismo que separa lo que fue de esta realidad oscura que enfrenta cada día. El tiempo había enloquecido; la luna y el sol acompañaban los ciclos de la naturaleza pero para los hombres todo acontecía vertiginosamente.

Las devastaciones han reducido a los pueblos a una soledad que espanta; los tiranos oprimen a los escapados de la muerte.

Felisa y la poquita familia que le queda, se reúnen y conversan. Ellos son el pueblo que asumió la defensa de la sierra. Ellos los que enfrentaron al invasor con el grito de guerra "*Camin chin can*". Ellos son el pueblo barbado que asombró a Voltaire.

El genocidio practicado por España y Portugal había consolidado a las oligarquías terratenientes más estériles en Sudamérica.

El inca Yupanqui en las cortes de Cádiz expresó:

> "Un pueblo que oprime a otro no puede ser libre"

En la sesión de diciembre de 1810 lo atestigua: "*España no advierte el dedo del altísimo, ni conoce que se castiga con la misma pena al que por espacio de tres siglos hace sufrir a sus inocentes hermanos*"

La respuesta Española es clara cuando expresa: "*Háblese de los indios pero solo sea para conservar el nuevo mundo, esto es lo que nos interesa*". Albaro Flores Estrada nos deja esta semblanza cuando expresa: "*América es un niño cargado de joyas a quién no se le puede abandonar sin riesgo de ser robado*".

La integración del mundo indígena estuvo limitado al trabajo servil, al esclavismo, a oleos bautismales o incorporados a una lucha que no era la suya, dejando la vida también por la llamada *independencia*.

Los indios quedaban al margen de todo derecho político.

Aunque grandes hombres sugieren coronar un Inca, el proyecto es rechazado. El contenido social de este desprecio estaba en los intereses de los estancieros de origen español de la pampa húmeda del Plata, a los que sólo les importaba el comercio exterior.

En tanto en el gran territorio, la historia acontecía con ánimo de independencia, con organización de repúblicas y flamear de banderas libertarias; en los pequeños territorios en las que fueron organizadas comunidades originarias, apenas si lograban sobrevivir con nombres españoles bautismales.

Felisa Castro era el eje de su familia india. Ella ordenaba el tiempo de preparar el charqui de zapallo o de carne, de resguardar la aloja en las tinajas. Transmite conocimientos de medicina con hierbas que curan, de piedras de cuarzo alimentadas por fuerzas lunares, de alimentos y de ayunos que preparan y reparan. Con urgencia les recuerda que deben reforzar los recuerdos.

Ante la grave enfermedad que va mermando las fuerzas de Felisa, el curandero de la comunidad apura el rito.

La luna es pura luz alumbrando el círculo.

Onchi cubre su rostro con una máscara y la piel de puma lame su espalda.

Los silbatos de hueso y los tambores golpean la sensibilidad de las montañas, que responden devolviendo ecos.

Sobre los tejidos antiguos, hay cristales de cuarzo, láminas de mica y piedras espíritus de turmalina y berilo.

Felisa recibe en su cuerpo la respiración de Onchi, insuflándole su propia fuerza, como un puente entre él y los poderes de los que está poseído.

Felisa le devuelve la pequeña lasca azulina que fue su amuleto protector. Onchi la abraza, y repite ¡mamacha, mamacha!

— Yo voy a guiarte mamacha, voy a estar junto a vos cuando sea el momento.

— ¡Ah! Mi hermano, cuida a nuestra gente, mira por ellos.

— Siempre, siempre mamacha.

Felisa Castro permanecía cada vez más tiempo recostada. Los últimos días los ocupó en diálogos asombrosos con sus padres ya muertos o reviviendo sucesos lejanos como si el tiempo no hubiese acontecido.

El último día se despertó lúcida; dejó instrucciones para los preparativos de su muerte que debía acontecer antes de la puesta del sol y ocupó el resto del tiempo en hablar con cada uno de sus parientes a quienes debía dejar recomendaciones o mandatos precisos para los días que siguieran.

Tres Trenzas Largas se despidió de su madre con la simpleza de un pedido "*protéjanos mamá... mi hija Petrona quiere saludarla*". Felisa miró a su hija y a su nieta y antes de cerrar los ojos, les sonrió desde la más profunda complicidad del linaje de los NAURES.

Celebracion de la Pachamama - San Carlos Minas - Fotografo Romulo Frasno

Celebracion de la Pachamama - San Carlos Minas - Fotografo Romulo Frasno

María Cecilia Gómez - Licenciada en Arte 6ta generación de Felisa Castro Descenciente del pueblo Comechingon

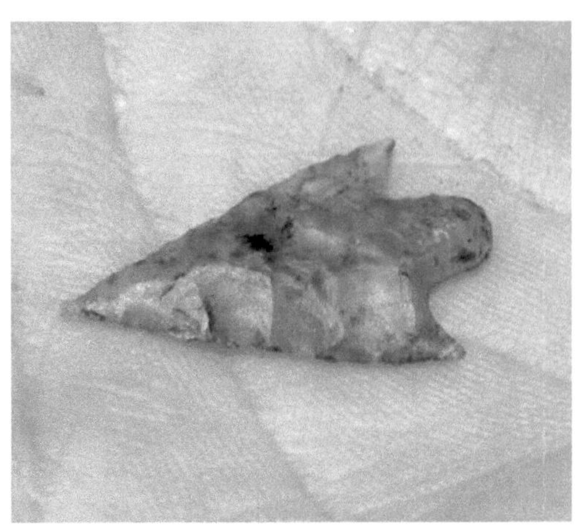

Punta de flecha - Archivo Comunidad Ticas - Foto Carlos Pucheta Medina

Estatuilla ceramica - Archivo Comunidad Ticas - Foto Carlos Pucheta Medina

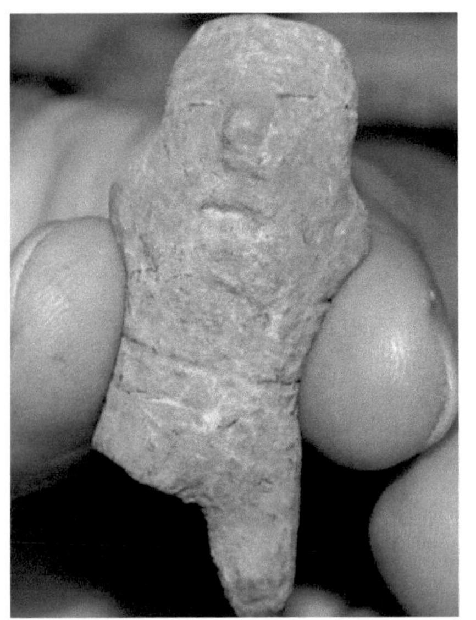

Estatuilla ceramica (torso) - Archivo Comunidad Ticas - Foto Carlos Pucheta Medina

El colonialismo no se contenta con apretar al pueblo entre sus redes, con intentar vaciar los cerebros de toda forma y de todo contenido; por una especie de perversión se orienta hacia el pasado del pueblo oprimido y lo distorsiona, lo desfigura, lo aniquila. El colonialismo pretende convencer a los indígenas que vienen a salvarlos del encanallamiento, la barbarie y la animalización. Pero la desarticulación cultural de un pueblo es imposible porque la cultura es ante todo identificación.

La ideología de la blanquitud se expresa en la dialéctica "civilización o barbarie".

Tres Trenzas Largas es una mujer con tenacidad de resistencia y un sentido comunitario intacto que le hace rechazar las tentaciones del llamado mundo civilizado y es bárbara, porque no se ajusta al orden de valores de la cultura de Occidente. Cría a sus hijos en la sencillez y la profundidad que encierran los saberes de su pueblo.

En sierra de Paredes hay una escuela pero Tres Trenzas es analfabeta al igual que sus hijos. A ella poco le importa ese designio.

Su hija Petrona teje hermosas mantas en su telar, aunque es apenas una niña y conoce el tinte morado que da la raíz del Piquillín, el anaranjado de la ceniza de Jume con contra yerba, los verdes de la Jarilla o los marrones de la corteza del Mistol.

En días especiales Tres Trenzas se aleja de su casa hacia el lugar sagrado. En la piedra enorme están en hilera los morteros conformando una geometría no casual. Ella pertenece a ese paisaje, es parte de él.

Petrona ha seguido a su madre guardando cierta distancia y puede ver a su madre y a otros parientes adultos acuclillados, convocar a los que nunca los dejarán solos. Los escucha cantar y presentar ofrendas. Arriba un águila blanca vuela en círculos. En el aire hay perfume a Chilca y a Liguillas.

Evocan cantos sagrados y convocan a los que moran en la profundidad impalpable de la vida con la natural convicción del que sabe; del que se reconoce parte del todo.

Por aquellos años, al pueblo de San Carlos llegaban comerciantes en carros o carretas y se adentraban en la sierra en búsqueda de tejidos o cueros que cambiaban por azúcar o baratijas. Las primeras veces que vieron acercarse a uno, Tres Trenzas con sus hijos escaparon espantados a refugiarse en el monte y desde ahí espiaban y oían el alboroto de los perros, y el trajinar del personaje extraño que repetía ¡Ave María purísima!

Un día, los hombres le salieron al paso, pero el gringo mostraba los dientes de puro contento y sacaba como de una galera de mago, tanta cosa extraña y atractiva que al rato nomás ya estaba negociando con cara de afligido, haciéndoles notar su desventaja en el trato. El hombre hacía signos en un papel y desde ese primer trato comercial siempre quedaron debiéndole algo.

Un día el padre de Petrona la obliga a salir del escondite y cebarle mate al extranjero. Petrona observaba todo con curiosidad disimulada y lo escuchaba contar de aconteceres y de gente en los lugares de sus grandes recorridos a los que acercaba sus mercaderías. Cada visita dejaba marcas más profundas que las de la carreta.

Tres Trenzas era la única que siempre recelaba, y rechazaba todo trato con el que ya para todos era *amigo*. Desde que llegaba se lo atendía brindándole comida hasta que quedaba utaco y nunca se iba sin llevar raciones abundantes para el viaje. Él a cambio le enseñó a leer a Petrona.

Ella quería compartir con su madre ese logro de conocer letras, pero su madre siempre creyó mejor ocuparse de tareas más beneficiosas que de las innecesarias.

Las chacaras eran ese año un regalo de abundancia. El maíz crecía jubiloso y los zapallos eran preñez de soles. En el rescoldo se asaban choclos y las mujeres se atareaban en la preparación de la humta envuelta en chala. Desde muy temprano el humo perfumado sahuma los montes de taku.

Las comunidades que habitan esos territorios se reúnen para la cosecha de la algarroba; que como una alfombra se extiende bajo los árboles sagrados.

El trinar de zorzales y la risa alegre de esos huaukes es música.

Entonces, las distancias entre las comunidades parece desaparecer. Desde todos los rumbos van llegando al encuentro. Los anfitriones ese año preparan en la pacha manca los mas sabrosos alimentos para compartir con quienes han llegado. Las mujeres perfuman sus cuerpos con suiko y visten sus mejores ropas. Es posible que el encuentro propicie la unión de nuevas parejas, alianzas políticas, intercambios comerciales y refuerce lazos de amistad.

Los más ancianos y los naguanes, naves o naviras están preocupados y parlamentan; los tiempos que corren están siendo marcados por el infortunio para los pueblos. La aloja o la chicha no amortiguaran el dolor, que se profundiza hacia regiones del alma.

En una oportunidad el forastero llegó con un regalo para Petrona. Una pequeña muñeca.

Cuando el hombre se alejó luego de sus tratos comerciales; Tres Trenzas perdió toda compostura y en un ataque de furia desproporcionado rompió la muñeca y la arrojó al fuego ante la mirada de Petrona que ni siquiera se atrevía a llorar del susto. Lo único que le entendía decir a su madre era ¡¡¡gualichu, gualichu!!

Tres Trenzas sabía que el círculo sagrado había sido vulnerado; esa muñeca era el símbolo de una magia que escindía.

Esa noche la luna acompañó los conjuros de Tres Trenzas, mientras Petrona dormía.

> ¡Qué el encuentro con los otros en la diferencia, te sirva siempre para revelarte lo que somos!
> ¡Qué las huacas sagradas nos protejan!
> ¡Qué la raíz del quinchirín no te permita adentrarte en la tierra sin memoria!

Tres Trenzas sabe que los hombres blancos son portadores de la devastación y los desprecia; ella no diferencia pelo ni marca. No puede creer en esos hombres que han sido siempre portadores del odio.

En aquel territorio familiar, cuando Petrona tenía catorce años, sólo vivían su madre, sus hermanos y un padrastro. Una mañana muy temprano mientras la familia se ocupaba de los quehaceres cotidianos, Tres Trenzas salió a campear un animal que no había vuelto a los corrales. No había pasado mucho tiempo cuando Petrona vio que regresaba. Volvió a mirarla más atentamente.

Su madre avanzaba suspendida en el aire, sin tocar el suelo con los pies, sonriendo, luminosa.

Fue un instante en que aquella presencia —ausencia golpeó el corazón de Petrona. Con voz temblorosa la llamó y corrió a buscarla. La encontró junto al arroyo; muerta.

La tensión estalló en un alarido animal; el espanto, la amarga impotencia ante esa pérdida irreparable era infinita; y era también la existencia invulnerable de su madre lo que se unía en aquella despedida que la arrojaba a la orfandad.

Los días siguientes estuvieron acompañados de familiares que llegaron desde distintos parajes donde transcurrían sus días como peones, servidumbre o en territorios recortados.

Allí se dispuso que la menor de las hijas de Tres Trenzas se iría de criada a Buenos Aires; los muchachitos eran necesarios allí en el campo y a Petrona había que conseguirle un esposo.

Desde hacía un tiempo, un hombre viejo visitaba frecuentemente las casas y un buen día mientras Petrona servía la comida, el padrastro le habló para decirle que aquel hombre viejo estaba gustoso de hacerla su esposa y que ya se había acordado el casamiento.

El padrastro siguió dando detalles, pero Petrona sólo escuchaba un silbido profundo en los oídos.

Esa misma noche, mientras todos dormían, ella montó a caballo y escapó del que jamás aceptaría por destino.

Atrás quedaba el espacio común, los elementos habitados, el dolor quebrado como chancui de maíz, dando paso al coraje innato de elegir la vida sin imposiciones.

Petrona se sabe parte de una totalidad indivisa social; en ella vive el insobornable deseo de no división y los descendientes de Quimacu son sus parientes cercanos; hacia allá se dirige. Ahora los llaman criollos a esos mismos que antes llamaban indios; o los llaman chuncanos por la resistencia en sus piernas de incansables caminantes.

Hasta crearán ciencias clasificatorias de esos diferentes; hasta el tuétano originarios.

Para el sistema son los desclasados o la prehistoria; despojados de su calidad de sujetos de decisiones.

Pasan algunos años hasta que Petrona elige a Vicente como complemento de su vida. Él es un nieto de Quimacu.

Del lenguaje dialectal de los antiguos, apenas quedan vestigios y una pronunciación del castellano que caracteriza el hablar en esos territorios. La existencia social de la comunidad es influida cada vez más.

Su esposo anda conchabado como peón; mientras ella crece una hija en las entrañas. En el mes de la celebración del sol, nacerá su hija acompañando el inicio de un nuevo ciclo de renovación y frutos. Petrona henchida de vida, lee con sus ojos ese cielo infinito; palpa el latir de la tierra que la habita; lame el agua cabellera que baja de las piedras y es un modo de verse desde dentro y saberse sombra de luna de esa tierra.

Ya nacida su hija, con su marido lejos, la despierta una noche, un viento de hojas secas y un murmullo violento como juntando gritos. El miedo la recorre. Acompañada por su suegro sale al patio y ven sobre las ramas del algarrobo, un pájaro negro, enorme y tremendo que suelta risas y graznidos desde una boca de mujer; desde su cabeza de mujer de pelo oscuro, agitado por la risa. El suegro de Petrona le arroja una piedra y lo ven que cae y se adentra en el monte profiriendo maldiciones.

Petrona de algún modo lo sabe. Al otro día se entera de que en el pueblo la bruja está herida en el pecho.

— ¿por encargo de quién a ido a posarse en su casa?

— Si hai ser por el buen amor que se lo envidian a ese costado compañero!

Petrona lo piensa tanto, tanto, que el siente que lo llaman, escucha que su mujer lo nombra y abandona el obraje, acortando camino de regreso a las casas.

Los dos se encuentran en un abrazo largo y Petrona le miente que un poco de ceniza se le metió en los ojos y por eso están enrojecidos.

¡Qué bueno que hayas vuelto! -le dice apacible y se limpia de los ojos la ceniza que duele- porque es justito ahora que ha salido un conchabo como hacheros allá cerca de Ancenuza. Hay trabajo para varios hombres de la familia y ya se ha dispuesto que ellos van. Si vos querés podemos ir; a mí me gustaría acompañarte.

Esa noche Vicente se entera de los pormenores del viaje. A caballo tendrán que recorrer un tramo que demanda tres días y luego deberán seguir viaje en ferrocarril. Un tío de Vicente es quien ha venido a buscarlos y a ofrecerles aquel trabajo. Les cuenta con detalles su experiencia. Esa narración del tío intimida.

Todos escuchan sin atreverse a manifestar sus inquietudes, pero, aún así, asienten. Petrona está muda, entumecida de miedo, pero nada la moverá ni un tranco de ese empeño que tiene.

El tío cuenta que allá es puro monte; un espacio infinito sin montañas, una tierra lamida por los dioses, donde la anchura cansa los sentidos.

En los meses siguientes; los hombres se adentran como sombras, en la penumbra de la madrugada y a Petrona la cimbra cada golpe del hacha.

Un día el monte le devuelve a su Vicente demacrado, sin ánimo en el cuerpo, quemándolo por dentro aquella fiebre larga, escupiendo la sangre de los quebrachos que ha volteado. En los días siguientes el delirio lo acecha. ¡Ay, su Vicente! Tan luego él, que huele a maderas, dándose por vencido; diciendo que lo dejen irse; buscando sumergirse; traspasar los umbrales.

El tío de Vicente a salido hace dos días en busca de ayuda. Regresa con un mentado curandero, que de inmediato se aproxima al camastro y contempla con atención el estado del enfermo, mientras mueve la cabeza, desaprobando el destino fiero del que yace inconsciente y sentencia:

—No hay remedio que lo salve; agoniza y sufre inútilmente el pobre. ¡Habría que acortarle el sufrimiento!

— Haga lo que haya que hacer. Le dice el tío de Vicente a aquel hombre, dueño de la vida y de la muerte.

Petrona escucha un aletear de pájaros y como en sueños ve a su madre repitiendo, *gualichu*, *gualichu*.

Hay un desbande de gritos y carajos y de un solo azote le cruza al tío la cara. Anda de furia desbocada; ordenando las ideas, ordenándose. ¡Qué me apronten ese carro he dicho!

Ella palpa el aire, lee los signos y sabe lo que otros no comprenden en su saber ordinario. Envuelto en una manta, el mismo traqueteo desandará el camino, hasta el tren que los trague. Ese socavón que se desliza cargando en sus honduras, indios y gringos pobres. ¡Los olvidados del mundo!

Desde allí tres días sólo faltan; tres días imposibles de ser recorridos a caballo.

Vicente tan cerca de la muerte, que se para a mirarlo y Petrona sin saber que hacer con su silencio espina y su soledad a destajo.

Hay una nube negra, entre aquella estación de trenes y los pasillos de un hospital. Los médicos le anuncian que la condición de salud es grave y será internado de inmediato; algunas palabras piadosas intentan tranquilizarla y darle esperanzas.

Ella queda ahí, quieta, callada, la mirada fija en el suelo, mientras los pensamientos se le vuelven estampida. Intenta recordar todo lo que le han dicho; ¿días, meses, cuánto tiempo pasará ahí ese hombre suyo?

Ese día, y otro y otro; maneada de dolor, sola, sumando la suma de las soledades. Acurrucada en un banco, esperando reencontrarse con esa parte del alma que le han trasquilado.

De tanto en tanto, algún médico se acerca y le trae noticias de aliento o las enfermeras se detienen junto a ella y le ofrecen comida o descanso en algún rinconcito de aquel hospital. Así de a poquito en esos cuchicheos de comadres Petrona va ganando confianza y amistad.

Los espacios filiales andan lejos y ella que no quiere separarse de la vida que alienta, ese costado fortaleza, va quedándose, aquerenciándose como perro sin dueño y ahí la encuentra cada día queriendo darse de puro agradecida; aportando sus saberes de ayudar a nacer, incorporando saberes de otra medicina; ejercitando la reciprocidad nutriente y fecundosa.

Petrona, en medio del acontecer, de ese modo tan simple, adquirió el oficio de enfermera y de imprescindible en aquel lugar donde faltaban manos y un estómago a prueba de ascos. Ella que era amor milenario, en incansable afán anda guastándole los sueños a la muerte. Lo que no puede el doctor, cuando se le agotan las recetas de los libros quizás lo pueda el saber antiguo de Petrona.

Vicente está en pleno restablecimiento de su salud y ya puede irse; algunos parientes de la comunidad han venido a buscarlos, entre ellos el tío de Vicente. Todos están contentos pero sonríen tímidamente y hablan susurrando. El médico le suplica a Petrona que se quede, le cuenta que su esposa está enferma de tuberculosis y no consigue a nadie que la cuide. Petrona lo escucha. Ese hombre desesperado la necesita. Lo escucha suplicarle y accede a ese pedido. Con el recuerdo filial golpeándole en el pecho, con el alma en la boca, abrazando a su hija, paseando su mirada entre su gente, mirando en los ojos de Vicente, pero ya le dijo que sí al doctor y su palabra es de una fidelidad inapelable.

Intercambia pareceres con sus parientes.

— ¡Si está bien acá, comida no va ha faltarle!

— Será por un tiempo nomás

— Si quiere en mientras tanto, por allá en las orillas, cerca de las barrancas, hay pa'guarecerse. Yo se los regalo.

— Hay muchos de la sierra viviendo por esos lados

— Que habrá de hacerle, si esta es la suerte nuestra.

— Acomódele el cuerpo a este lanzazo...

— Nosotros estamos a su lado, somos sus hermanos

— En poco tiempo ya podrán volver pa' las casas

De ese modo tan simple, familias como semillas aventadas, como puñados de sombra, ahí donde los dejan, donde pueden o donde los arrojó el viento indolente del despojo, agraviando la índole de su raza.

Ante los ojos pretenciosos de los buitres la aniquilación cultural de un pueblo parece posible pero en vuelos de cóndor se eleva inquebrantable.

Aún perdido el idioma dialectal materno ¿Es la palabra el único lenguaje? ¿Cómo se expresa lo que puede tener la vida de sagrado? El alma de un pueblo comprende cauces de comunicación infinitos.

En parajes como Tanti, Cabalango, Bialet Massé, Las Tunas, Calera y otros, andan viviendo Rosa y Teodoro con su puñado de hijos, José y Ramona y las Marías y los Pedros y allá en las sierras Dámasos y Esteban; siempre buscando el modo de juntarse, recorriendo caminos de encuentros, celebración y ritos.

Petrona esa mujer ternura; de aquí para allá por los caminos, uniendo hilos de la urdimbre y la trama donde laten los pulsos de su sangre emparentada. Sabiendo por donde andan dispersas las semillas; comprometiendo los signos, las palabras, el amor que sella ese destino de haber nacido unida con su gente, sus hermanos; los que todos, son ella misma en otros cueros, esencia del mismo hilo que ella anda incansable tejiendo de nuevo.

Petrona y Vicente y todos los nombres son gotas de un río macho; en ese río está la fuerza y la memoria.

> Más de cinco siglos atraviesan como cuchillos mellados el corazón de ésta América, padeciendo una sistematización sin contradicciones, perfectamente dirigida con una desfiguración de la historia.
> No es pues un problema de historiografía, sino de política. Lo que se nos ha presentado como historia es una política de la historia en la que ésta es sólo un instrumento de planes más vastos destinados a impedir que la historia verdadera contribuya a la formación de una conciencia histórica nacional
>
> (Arturo Jaureche.
> *Política Nacional y Revisionismo histórico*.)

Petrona escucha a los doctores hablar de los indios que poblaron ésta Córdoba y que por suerte son pasado. Hablan de cautivos, de malones, de la barbarie que fue en otro tiempo la forma de vida en este territorio. Se refieren al tiempo de la civilización, la razón, el orden, la cultura, la educación.

Un día le preguntan sabiendo que ella ha nacido en las sierras, si ella llegó a ver algún indio allá en sus pagos. Petrona piensa un momento y le contesta que siendo ella niña vio indios por última vez. No es por verguenza que niega su identidad sino la indefensión que siente y la comprensión de que sólo negará un calificativo impuesto por otros.

Ella es raíz profunda cultural y vive de la única forma que sabe y entiende la vida; trasuntando otro modo de existencia, otros valores, otra espiritualidad.

En el transcurso de más de un siglo de vida de Petrona, desde finales de la presidencia de Nicolás Avellaneda, allá por el 1880 hasta el 1984, asiste a la constante y tenaz persistencia de las élites educadas en los valores de una cultura enajenada, proyectar esa cultura como modelo y de presentar la cultura indígena como una subcultura, desgajada de los impulsos de la civilización.

Ella por un mandato que trasciende lo racional sigue resistiendo.

Un día en que Petrona se está viendo morir llama a su nieta para decirle:

— Quiero contarle hasta gastar el tiempo que me queda, que se haga añapa éste silencio. Traiga papel y lápiz y escriba lo que quiero contarle, así sacio la sed que llevo en mí memoria.

Petrona va cavando hasta los huesos, atrapando la luz de su sustancia, propagando su fuego, descorriendo los velos que propiciaron las noches sin lunas de su nacimiento.

Petrona, esa que se va yendo; se está volviendo río creciente por la sangre; sabiendo que lleva el tiempo cumplido; queriendo mirarse por los ojos de los nietos.

— ¡Qué el encuentro con los otros en la diferencia, le sirva siempre para revelarle lo que somos!

La piedra plana cubierta de mantas, colores que marcan el intento promisorio en armonía con la sombra y la luz. Sahumos de perfumes acompañaban el viaje, al igual que los latidos en los parches de las cajas. Las lágrimas humedecieron la tierra en una ofrenda perpetuadora de la memoria.

¡Protéjanos abuela!

Abierto el portal, a la hora en que en el horizonte hay un incendio de sol, Petrona cruza a la otra orilla. Allí están aguardándola su madre y la madre de su madre.

Pero ya no nos basta saber lo que somos, nos acorralan en nuestra condición, allí donde padece nuestra suerte.

La idea de que los indígenas pertenecen a la prehistoria es fácil de que arraigue, ya que antes incorporamos la idea *civilización o barbarie*, por asociación entenderemos:

CIVILIZACIÓN = ESPAÑA = HISTORIA

BARBARIE = PRE —HISPANO = PRE —HISTORIA

Entonces ya no nos basta con saber lo que somos, nos acogota el dolor y la impotencia. Sentimos que se nos arroja a lo más profundo de la noche, a la oscuridad sin rastros, a la muerte.

— Pero entonces, ¿qué somos?

— ¿Se sabe cómo y cuándo dejamos de ser indios?

— ¿Cómo fue, cómo sucede?

— ¡Será que no nos han visto!

Parece una juntada casual comunitaria, pero casi sin querer como al descuido, un yesquero tibio está alumbrando.

La asamblea demanda a puntazos de cuchillo, un molernos las ganas de seguir callados.

Ahí andan los niños mirándonos y nosotros diciendo...

— Con qué nosotros lo sepamos basta.

— ¿Qué justicia es ésta que no rige?

— ¡Hay que exigir lo justo!

— ¡Qué nos reconozcan la identidad es lo justo!

— ¡Por ahí vamos!

— ¿En qué puerta se golpea pa' que sepan?

Así como en un coro andaban las voces circulares, circulando. A punto de parir un reclamo, un derecho identatario.

— ¡Dicen que no existimos, pero aún hacemos sombra!

— ¿Con esa impunidad nos han matado?

El consejo organiza la demanda de todos y unánimemente la comunidad decide.

— Alumbre pa' que escriba.

Córdoba, Territorio Comechingon

Sr. Presidente del INAI:

Don...

S/D

Nos dirigimos a usted a fin de comunicarle que somos una comunidad indígena Comechingon con lazos de consanguinidad y descendemos del antiguo Pueblo Nación Comechingon. Con población territorial en parajes de San Carlos Minas de la Provincia de Córdoba.

Nuestro pueblo de origen se llamó Ticas y nosotros como comunidad conservamos dicho nombre.

Creemos necesario para nuestra comunidad ser inscriptos en el registro nacional de comunidades indígenas; por ser esto lo que corresponde. A tal fin adjuntamos toda la documentación requerida por el Instituto Nacional de Asuntos Indígenas (INAI).

Hemos recibido de nuestros mayores enseñanzas de costumbres, cultura, cosmovisión, ceremonias y espiritualidad que constituyen una forma de vida común entre los hermanos.

Es nuestro mayor deseo recuperar con honor nuestra pertenencia de identidad originaria y en este Pacha Kuti (en este ahora) solicitamos al Estado Nacional que nos reconozca como etnia viva.

¡Por nuestros antepasados, por nosotros y los que vendrán, ésta urgencia de origen reivindicado!

En espera de una favorable repuesta a nuestra solicitud. Le saludamos fraternalmente.

Firman: El consejo pleno de la comunidad y el Naguan de la comunidad TICAS.

En todos éstos años, varias comunidades del pueblo Comechingon, vienen reclamando al Estado Argentino ser reconocidas e inscriptas.

Sólo se entiende la invisibilización étnica desde el concepto de blanquitud y cultura homogénea que persiste en el país.

Nuestras comunidades reivindican el derecho a la identidad y a la autoafirmación. Nuestras madres y padres antiguos acompañan este reclamo.

Así nos lo demanda la fuerza del Gran Espíritu.

Aquí estamos, de pie, ejercitando el coraje de gritar quienes somos.

Los hombres, mujeres y niños que aún permanecemos vivos, luego de aplicadas las más diversas formas de exterminio; los que se auto reconocen y los que se ocultan, por desconocimiento somos muchos, muchos más de lo que suponen los censos y la civilización etnocentrista. Cada hermano que pueda erguirse por sobre la negación, el olvido, el desprecio, la desvalorización que ha sufrido nuestro pueblo es la posibilidad de una mirada y un aporte enriquecedor.

A la mayoría de los seres humanos se los educa en la creencia de que la naturaleza es un sistema para que se desarrolle la actividad humana; le prestamos atención en la medida que nos beneficia o entorpece proyectos en particular y los procesos que no tienen importancia en esa actividad humana dejan de interesar. Somos reticentes a tomar conciencia de ello; pero no hay nada superficial en la naturaleza y los elementos que ella contiene aún cuando el hombre lo desconozca participan del equilibrio general y tienen un impacto en el todo, incluyendo la vida humana.

La Pachamama (nuestra madre tierra) tiene una naturaleza física y espiritual, debemos verla como un organismo vivo con su propio derecho. Cada ecosistema aporta algo fundamental a la vida de la tierra ya sea que sirvan o no a los intereses de nosotros, los humanos.

En la cosmovisión de nuestras comunidades originarias hay una unión indivisa entre los hombres y la madre tierra, a la que amamos.

Los originarios sabemos la fuerza que de ella emana, la espiritualidad de la madre se manifiesta fuertemente en algunos lugares sagrados para nosotros. Son espacios de energía en los cerros o en otros lugares que de antiguo se conocen y en donde se realizan ceremonias o rituales.

Si nos olvidamos y colocamos nuestras necesidades por encima de las de la tierra; ella nos retirará su bendición.

Con fecha siete de noviembre del año 2008 en el diario *Página 12*, la entrevista realizada por Darío Aranda al Ministro de la Corte Suprema de la Nación Eugenio Raúl Zaffaroni.

Allí habla de la situación de los pueblos originarios presentes en 19 provincias. Vincula el genocidio indígena con el holocausto judío; cuestiona a una sociedad que discrimina a las comunidades por una cuestión de clase y etnia y dice que es necesaria una reparación histórica.

Advierte, además, sobre un mecanismo de discriminación que consiste en negar la existencia misma de los pueblos; que es un genocidio por omisión.

— *¿Cómo observa la situación de los pueblos indígenas?*

— Es una situación diferente a la de otros países de la región porque en la Argentina son minoría y no están concentrados en una región, de manera que tienen el grave inconveniente de la falta de representación política debido a esta dispersión territorial. Esto dificulta notoriamente el reclamo de sus derechos por vía política. También se observan claros factores de discriminación y siempre que nos encontramos con discriminación hay que reivindicar derechos, fundamentalmente el derecho a la igualdad.

Esos derechos deben ser reivindicados tanto en el plano político como por vía judicial.

Dadas las características de la situación indígena en la Argentina es mucho más eficaz el proceso judicial que el político. No estamos en la misma situación que puede estar Ecuador o Bolivia donde tienen representaciones política, diputados y senadores.

— *Sin embargo, las comunidades indígenas denuncian discriminación para el acceso a la justicia.*

— Lo que hay que hacer en una buena utilización de los recursos que dan la constitución y el derecho internacional. Hay que profundizar el estudio de la práctica de este derecho. Lo que podemos hacer desde acá es generar un interés por la investigación en derecho indígena a efectos de que se perfeccione el uso de los recursos, así se facilita el acceso a la justicia.

— *Usted vincula discriminación del mundo indígena con su invisibilidad.*

— La invisibilización de los pueblos originarios es una de las formas de discriminación. En la medida en que se niega la existencia, los pueblos reclaman derechos que no le dan porque "no existen". Entonces a los pueblos indígenas se les está negando la propia existencia. Ya no se les niegan los derechos, se les niega la existencia. Es una negativa más radical. ¡No tenemos el problema indígena en la Argentina!, como si los indígenas fueran un problema.

— *Las entidades patronales del campo lograron un acompañamiento de sectores urbanos. En cambio la lucha indígena que sufre reales atropellos no cuenta con ese apoyo.*

— La identificación de la clase media con la clase media es mucho más fácil. La identificación de la clase media con clase pobre, étnico y culturalmente diferente, es mucho más difícil aún. Hay una cuestión de clase. No podemos ignorar que pesa sobre nosotros toda una cultura colonialista; hay una concepción de que el indígena es alguien atrasado, culturalmente inferior. Es un racismo de raíz cultural en la clase media Argentina. Se los ve como personas de otra cultura con una inclinación etnocentrista a considerarlas de una cultura inferior.

— *Es la misma discriminación que permite aceptar el holocausto judío y no aceptar que los pueblos indígenas padecieron un genocidio.*

— Si alguien pretende eliminar un pueblo, una cultura, es un genocidio. Los nazis con los judíos cometieron un genocidio. Los turcos con los armenios, también; y el Estado argentino con los pueblos originarios también cometió un genocidio.

— *Pero un gran sector duda del genocidio indígena.*

— En la última dictadura militar se avanzó sobre un sector activo en política la mayoría de clase media, con un segmento universitario y por ello se lo reconoce como genocidio. Todo depende del sector social y de la capacidad para hacerse oír públicamente; de la vos del sector que sufre la represión.

— *¿La discriminación de clases también es lo que impide visualizar el genocidio indígena actual?*

— Por supuesto; el genocidio de los pueblos originarios no lo practicó sólo el colonizador; se viene practicando desde la emancipación con múltiples tratados que se violaron con jefes indígenas, que el Estado no respetó; todo eso amerita un reclamo de reparación interna. Nadie puede revertir lo que sucedió.

Lo que podemos modificar en el plano interno es la propagación de ese genocidio, se puede y se debe compensar hoy a quienes están sufriendo las consecuencias del genocidio pasado.

Eso es un reclamo legítimo y una reparación.

— ¿Qué tipo de reparación?

— Lograr una mejora en la calidad de vida de esa población. Como se les garantiza acceso digno a la ciudadanía, como se les reconoce sus territorios, como se detiene la destrucción de sus recursos naturales, como se respetan su cultura y sus valores.

— ¿Cómo caracteriza el genocidio actual?

— Ya no es más con armas, el genocidio actual de los pueblos originarios se produce invisibilizándolos, omitiendo, dejando que se mueran; es un genocidio por omisión.

— ¿La situación del Chaco es un ejemplo?

— En cierto momento fue comparable. La intervención nuestra (de la Corte Suprema) fue una garantía básica de la constitución. "A ningún habitante se le puede negar los derechos básicos de alimentación y salud"

— A pesar de la intervención de la Corte Suprema, la situación del Chaco no mejoró.

— Me dijeron que las situaciones graves del Chaco estaban resueltas, de alimentación y de asistencia médica. Habrá que seguir peleando para que se cumplan todos los derechos.

— ¿Se avanza en una concepción más amplia de Derechos Humanos?

— Es posible un cambio jurídico radical. No sé si el derecho se va a mantener en una posición absolutamente antropocéntrica o si va a tener que reconocer que hay una esencia de la naturaleza del planeta al cual pertenecemos; pero sin duda se están conmoviendo ciertas bases del derecho. El Derecho Ambiental en general conmueve las bases de todo el Derecho.

— Se advierte un doble filo en el Derecho Ambiental, especialmente por los fundamentalismos.

Puntas de flecha - Archivo Comunidad Ticas -
Foto Carlos Pucheta Medina

Morteros sobre el Rio Chimi (Rio Jaime) San Carlos Minas -
Foto Carlos Pucheta Medina

Raspador - Archivo Comunidad Ticas -
Foto Carlos Pucheta Medina

Curso del Rio Chimi -
Foto Carlos Pucheta Medina

— Se puede llegar a concebir el derecho ambiental como un coto de caza en el cual el indígena pertenece al paisaje, entonces se lo está cosificándo.

— *Si lo concibo como un derecho trascendente al cual hay que tutelar sin importar lo que pase a los humanos, también estoy cosificando. Requiere una reformulización jurídica de fondo. ¡Ojo! Que estamos jugando con conceptos que están al límite de lo que fue una tradición muy autoritaria en la historia jurídica; ya que si hablamos de Derecho Ambiental en relación con derechos de generaciones futuras es la teoría jurídica del fascismo y políticamente sería un problema mundial.*

— Cuesta creer que gobiernos que impulsan industrias extractivas puedan impulsar legislaciones que unan bienes naturales y Derechos Humanos.

— *¿Cómo convencer a EE.UU, China o Rusia para que dejen de derrochar petróleo? Es claramente un problema que nos excede, que no podemos resolver a mediano plazo pero que hay que abordar.*

— El convenio 169 de la OIT que dispone que las acciones que afecten bienes naturales de aborígenes, deben tener consentimiento de las comunidades. Es un pilar del Derecho Indígena.

Usted afirmó que si la diligencia política lo hubiera leído no lo habría incorporado a la constitución.

— *En la constituyente del '94 había un sector que hacía una ridiculización de esa reivindicación indígena. Creo que se aprobó algo a libro cerrado. Ya se había logrado el objetivo que buscaba la constituyente, la reelección, y al momento de introducir otros elementos, se dejaron pasar, entre ellos los tratados internacionales de los Derechos Humanos que sin duda enriquecen.*

— Al 169 lo incluyeron sin evaluar claramente lo que significaba.

Un hecho histórico, en el territorio comechingon, Córdoba.

En el año 1994 se introdujo en la Constitución Nacional, el reconocimiento de los Derechos Indígenas, luego de muchos años de una política errática, en su forma de conceptualizar al sujeto indígena.

Abonado el terreno por la lucha inclaudicable, y la movilización de los pueblos indígenas, la reforma en la Constitución fue posible. En el orden nacional, por ley, se crea el Instituto de Asuntos Indígenas (INAI) entidad descentralizada, que actuará como organismo de aplicación de la política indigenista del Estado.

Con fecha 3 de Abril del año 2009 la comunidad Comechingon Ticas, obtuvo la inscripción como persona jurídica de derecho público. Esta conquista excede a la comunidad y abre caminos posibles al tan postergado Pueblo Nación Comechingon.

Esto fue posible por el propósito de los pueblos originarios, en la construcción de un nuevo Estado; con justicia y participación de todos; y un compromiso del Estado Argentino por avanzar en el camino multiétnico y pluricultural.

La comunidad Comechingon Ticas es apenas una chispa del gran fuego en el corazón de nuestro pueblo, que espera desde hace siglos atravesar la barrera con la que han pretendido invisibilizarnos.

Alienta esta voluntad llena de esperanza, una gran fuerza vital; paciencia ante la adversidad; apego irrenunciable a nuestra madre tierra y un espíritu unido a lo indiviso de la bella trama existencial.

Desde allí nuestro abuelos antiguos nos miran.

En el transcurso de la historia legislativa Argentina, se sancionaron muchas leyes referidas al tema indígena. Las que corresponden al período 1853/ 1884 se dirigen a regular las acciones a emprender en las fronteras (defensa, avance, ocupación) visibilizando la intención de construir un modelo de país que se proyecta a partir del avance territorial como condición para lograr la expansión económica, y en este proyecto económico "la presencia indígena es un obstáculo".

Mientras se crean las condiciones para asegurar la expansión económica (fortines, defensas, campañas militares), los nativos son vistos como potenciales ciudadanos, sin acceso pleno a los derechos del resto de los habitantes del país, aunque con las mismas responsabilidades.

Se consuma el despojo de tierras indígenas para convertirlas en propiedad y jurisdicción del Estado, y se justifica la política de sometimiento como condición previa a su incorporación a la nación del Estado.

El Congreso se reserva la atribución de otorgar tierras a las etnias que "voluntariamente" se sometan, y establece que los convenios que se celebren "no deben considerar a estas en términos de una nación indígena" para evitar que los mismos adquieran el carácter de tratados internacionales.

Hacia el último cuarto de siglo diecinueve ya se considera finalizado el avance de las fronteras y el sometimiento de los indígenas.

A partir de este momento se impulsan medidas legislativas, tendientes a la domesticación del indígena. (ej. Misión, colonia, reducción, reserva) estrechamente vinculadas a la posibilidad de "civilizar" a los indígenas en el adiestramiento de hábitos de trabajo productivo y escolarización. En todos los casos, se establecía la tutela estatal directa o indirecta para supervisar las relaciones y actividades indígenas dentro y fuera de los asentamientos.

A partir de los primeros años de la década del '70, el vocabulario político toma el concepto de "Reparación histórica" como política dirigida a poblaciones nativas, que han sido despojadas de sus territorios y marginadas de la sociedad. Este cambio coincide con un proceso de organización indígena a nivel nacional, que fue fijándose metas políticas que se concretarían más tarde en la redacción de un proyecto de ley, que tuvo que esperar más de diez años para su sanción, debido a la suspensión de la actividad legislativa, durante el proceso militar 1976 / 1983.

A partir de 1989 los indígenas iniciaron una activa movilización para debatir la necesidad de que el Estado se pronunciara en relación con sus derechos; y dando muestras de un verdadero protagonismo político, durante muchos días de debates, discusiones, acuerdos, culminaron con el reconocimiento en el nuevo texto de la Constitución Nacional de la "preexistencia étnica y cultural de los pueblos indígenas Argentinos"

En 1990 la Sub Secretaría de Derechos Humanos de la Nación, convocó a las primeras jornadas "Los indígenas en la reforma de la Constitución Nacional", donde quedó formalmente constituido el Foro Permanente por los Derechos de los Pueblos Indígenas.

En diciembre de 1993 se promulgó la ley nacional 24.309 que declaraba la necesidad de reforma parcial de la Constitución Nacional de 1853.

Mucho se escribió acerca de las ideas y puntos de vistas de los pueblos indígena; se dio difusion a los atropellos y abusos de que eran objeto, y se hicieron recomendaciones dirigidas a los gobiernos y al cientifismo antropológico.

La noción de valores alternativos a los de la sociedad occidental/ civilizada, se volvieron imperativo de trabajo para los indígenas a fin de que se reconozcan y respeten sus derechos. Se hicieron públicas denuncias de discriminación y persecución.

El convenio 169 de la Organización Internacional del Trabajo, aprobado en 1989 y adoptado por la Nación Argentina mediante ley 24071 en el año 1992, ha influenciado las acciones emprendidas echando raices en nociones retomadas en Argentina para la producción de sus textos jurídicos fundamentales. Entre ellas es ejemplo la de PUEBLOS INDÍGENAS, la conciencia de AUTOIDENTIFICACIÓN, como criterio para determinar los grupos a los cuales se aplican las disposiciones. El concepto de TERRITORIOS para referirse a la totalidad del hábitat que los pueblos ocupan o utilizan. Los derechos a la utilización, administración y conservación de los recursos naturales existentes en sus territorios.

La PARTICIPACIÓN en todos los asuntos que los afecten y la responsabilidad de los Estados a desarrollar con la participación de los pueblos una acción coordinada y sistemática con miras a proteger los derechos de los pueblos y garantizar el respeto de su integridad. (Morita Carrasco. Los derechos de los pueblos indígenas)

En el marco de los festejos del bicentenario, los pueblos indígenas de Argentina, se reunen, parlamentan, se movilizan y el mes de Mayo del año 2010 son recibidos por la señora Presidente de la República Argentina; Cristina Fernández, entregándole un documento de trabajo denominado:

“En el bicentenario, reparación histórica a los pueblos indígenas”

Buenos Aires, 11 de mayo de 2010

Ref. Demanda de reparación histórica

Sra. Presidenta de la República Argentina

Dra. Cristina Fernández

S................/..................D

Estimada Presidente:

En el marco del bicentenario venimos ante Usted, autoridades tradicionales de los treinta pueblos indígenas en Argentina a proponerle iniciar un diálogo político institucional, de carácter intercultural.

Con este motivo hemos elaborado, de manera consensuada y plural, el documento de trabajo denominado “En el bicentenario reparación histórica a los pueblos indígenas”. Adjuntamos Documento.

Esta tarea fundamental de llevar a la escritura nuestros sueños, esperanzas y proyección de nuestros ancestros hoy está en manos de nuestras hermanas y hermanos, representantes del consejo de participación indígena -C.P.I- quienes con responsabilidad y compromiso, supieron reunir la postura de las diversas organizaciones de nuestros pueblos y territorios.

Venimos con la expectativa de generar condiciones con usted, para atemperar la voracidad del usurpador terrateniente: Multinacionales, privados, amigos de los gobiernos provinciales, ricos y famosos, que solo generan pobreza, muerte y destrucción de nuestras vidas y culturas.

Hoy presentamos ante Usted, nuestras propuestas y demandas como base para el inicio de un camino de construcción conjunta, por el fortalecimiento de los pueblos indígenas ,en un Estado plurinacional.

En el marco del bicentenario: Reparación histórica a los Pueblos Indígenas.

Argentina es pluricultural y plurinacional. Alberga más de treinta naciones originarias. Esa enorme riqueza cultural representa más de veinte lenguas preexistentes al castellano; cosmovisiones milenarias que a pesar de más de cinco siglos de represión y obliteración sistemática, ideológica, cultural y espiritual, mantienen el vínculo y la interdependencia con nuestros mundos naturales; normas de justicia y convivencia que nos permite mantener un sistema comunitario de vida, en muchos territorios donde no llega el Estado; conocimientos, saberes y prácticas que sostienen nuestro sistema de salud, nuestros sistemas de producción y nuestros sistemas educativos; que sostienen identidades basadas en principios éticos, morales y espirituales, que pueden ser alternativas para una sociedad que hoy en día, está viciada por un sistema fundamentado en la violencia, el consumismo y la explotación de (waj mapu, pachamama, a in alba, kasiumar) nuestra madre naturaleza.

Esta diversidad cultural, durante 200 años de vida republicana, ha sido menospreciada, invisible, clandestina, ocultada, como un elemento de vergüenza que hay que disimular. A pesar de ello, los pueblos indígenas de Argentina nos hemos mantenido por la fuerza de nuestra memoria histórica y de nuestra cosmovisión.

Esta exclusión se refleja con la aparición pública de nuestra imagen en épocas preelectorales o en festividades folclóricas, o en el peor de los casos en noticias trágicas, en donde somos víctimas de enfermedades y pestes legadas por el invasor, lo que implica que el etnocidio y genocidio, por la falta de política de Estado, aún persiste en estos tiempos.

Somos pueblos indígenas, soberanos en nuestros territorios, tierras y recursos naturales. Territorios a los que el Ejercito Nacional Argentino, financiado por capitales británicos y la oligarquía terrateniente, llegó con su carga de muerte, usurpación y destrucción, completando lo realizado por la corona española. Julio A Roca generó uno de los casos más significativos de terrorismo de Estado; apremios ilegales, exiliados, desterrados, tráfico y apropiación de niños, desaparición forzosa de familias. Comunidades y pueblos enteros que aún esperamos la reparación histórica, que a muchas generaciones nos fue negada.

Reparación que no podíamos esperar de los héroes patricios, ni de discriminadores ni gobiernos racistas, que se sucedieron hasta el día de hoy. Peor fue la suerte de nuestros pueblos, al caer en manos de gobiernos feudales, en provincias donde la impunidad y el abuso de poder es algo que aún no se logra parar.

El reconocimiento jurídico y constitucional que tanta movilización y fuerza indígena exigió; hoy lo tenemos escrito y aprobado como base para una nueva institucionalidad de relación, entre pueblos indígenas y Estados. Ello nos da una oportunidad histórica de avanzar hacia un Estado que reconozca y consolide, un nuevo Estado Plurinacional, que contenga y se fortalezca constituyendo una sociedad pluralista y democrática.

Esta oportunidad que nos brinda la historia es una forma de hacer una pausa ante el cambio planetario que nuestros mayores y sabios nos anunciaron durante siglos y que hoy se hace evidente en la crisis global climática, cultural y social. Nuestra madre naturaleza nos llama, nos sacude, nos golpea para que paremos tanto saqueo irracional. Para estos cambios no bastan cambios constitucionales, se requiere un cambio socio político cultural, de tiempos y de ética (principios); un cambio del orden de las cosas, de los símbolos, del lenguaje, de los ritos, de los actos públicos e íntimos de la política.

En este cambio, los pueblos indígenas exigimos se respeten nuestros compromisos a ser actores y sujetos históricos fundamentales.

El bicentenario debe ser la oportunidad histórica para generar el acto de reivindicación que las naciones indígenas aún esperan en el silencio de los montes, cordilleras, ríos, estepas, valles y montañas. Un silencio que ha sido interrumpido por el tronar de motosierras que todo desmontan, el rugido de topadoras y explosivos de las mineras que todo lo vuelan, el ingreso de petroleras y sojeras que todo lo envenenan, la penetración de iglesias y sectas que todo lo envilecen, partidos políticos y ofertas electorales que quiebran toda la unidad comunitaria, aprovechando la vulnerabilidad a la que nos han sometido.

Para este acto de reivindicación, reparación y restitución histórica es un buen augurio que sea una mujer Presidente, quien debe responder este desafío con el coraje histórico que requiere. Porque nuestra presencia, con clara identidad indígena, a pesar de siglos de represión, explotación y despojo, no sería igual, de no haber existido las Micaela Bastida, Guacolda, Juana Azurduy, Bartolina Sisa, Fresia y tantas otras. Hoy son ellas quienes guían la lucha inclaudicable por nuestra cosmovisión, artes, lenguas y saberes, que son ejemplos de nuestras luchas territoriales en la dualidad complementaria.

Ellas también llegaran hasta la misma puerta del poder político en Plaza de Mayo, para oír la respuesta tan esperada de boca de la Presidenta

Cristina Fernández de Kirchner. Allí llegaremos cientos, miles, marchando por nuestra identidad, justicia, historia y dignidad.

Llegaremos desde los cuatro puntos cardinales de nuestros territorios. Ante una sociedad que nos mirará curiosa y asombrada, estaremos los preexistentes, los que no deberíamos existir según las profecías liberales y campañas repúblicanas del siglo XIX, los que fuimos dados por muertos en la celebración del centenario.

También estarán hermanos del pueblo argentino, los movimientos sociales que reconocen a los pueblos indígenas preexistentes, los que reflexionan sobre este bicentenario, los que cuestionan, los que no se sienten llamados a festejos ni fuegos artificiales, los que saben que vivimos un momento de intensa pulseada con los poderes tradicionales, coloniales y capitalistas, dispuestos a todo por mantener sus privilegios e impunidad. Esos poderes serán los últimos en aceptar lo que se viene, lo que debe ser: un siglo XXI de las identidades plurales, de las ciudadanías y de naciones preexistentes que conviven en un Estado plurinacional.

Hoy venimos ante Usted, señora Presidenta, para acordar juntos, desde un diálogo intercultural basado en el respeto y reconocimiento mutuo, la pronta puesta en marcha de políticas reparadoras amparadas en el derecho y la ley. Las mismas deberán dar respuestas a las demandas que detallamos en los párrafos siguientes:

Reparación Territorial.

Decisión política inmediata para que se efectivice el reconocimiento y restitución de las tierras y territorios indígenas tradicionales y ancestrales, a cargo del Estado en sus distintos niveles, instituciones públicas y/o privadas.

Promover de forma inmediata y urgente la confección y presentación del proyecto de ley que ordena la mensura y titulación de todos los territorios comunitarios indígenas, como paso inmediato al “programa de relevamiento territorial” — ley 26160 y ley 26554.

Promover proyecto de ley nacional que reglamente el derecho a la consulta y consentimiento.

Convenio 169 de la O.I.T de Naciones Unidas

Promover de forma inmediata y urgente la confección y presentación del proyecto de ley en el Congreso de la Nación, para que se otorgue rango Constitucional al convenio 169 de la organización internacional del trabajo de Naciones Unidas, ratificado y reglamentado por ley Nacional 24071.

Reparación política institucional

Creación del Ministerio de Desarrollo y Políticas Indígenas, con la consulta previa libre e informada y la real participación de los pueblos, a través del consejo de participación indígena (C.P.I).

Este Ministerio tendrá como objetivo, promover y ejecutar las siguientes reparaciones históricas en: Cultura, Educación, Salud, Producción, Identidad, Recursos Naturales, Biodiversidad, Desarrollo Territorial, Planes de vida y el Buen vivir.

En el aspecto Educativo, exigimos:

Reconocer las Lenguas Indígenas como Lenguas Oficiales del Estado Argentino.

Se reconozcan las curriculas interculturales y se creen las carreras necesarias al respecto.

El reconocimiento y fortalecimiento de la educación autónoma y la medicina tradicional de los pueblos indígenas.

Crear Universidades y/o institutos de formación educativa autónoma indígena, con planes de formación sobre conocimientos ancestrales, cultura, historia, espiritualidad.

En el aspecto Ambiental, exigimos.

Promover políticas públicas ambientales, con participación indígena, basadas en nuestras cosmovisiones de preservación y desarrollo de la naturaleza biológica y cultural.

Aplicación de la ley de bosques con participación indígena, reconociendo a los pueblos indígenas como titulares primarios de derecho para realizar la zonificación y conservación de los bosques nativos, fuente de nuestros conocimientos y proyección como pueblos originarios.

Suspender con carácter de urgente los desmontes en todas las provincias, hasta tanto se realice un ordenamiento ambiental territorial con participación indígena.

Instar al Congreso de la Nación a una urgente adecuación de la Ley Nacional de Minería e Hidrocarburos, al actual marco de reconocimiento de derecho de los pueblos indígenas.

Reparación Económica

Crear un fondo especial fiduciario Nacional de reparación histórica de los pueblos indígenas.

Conclusión para empezar a andar…

Las propuestas que hoy traemos ante Usted, Señora Presidente, pretenden responder con seriedad a los desafíos de este tiempo. Tiempo de profundos cambios en las sociedades, en la manera de relacionarse y proyectar el futuro que se desea.

Consejo de Participación Indígena —C.P.I —

Mesa coordinadora.

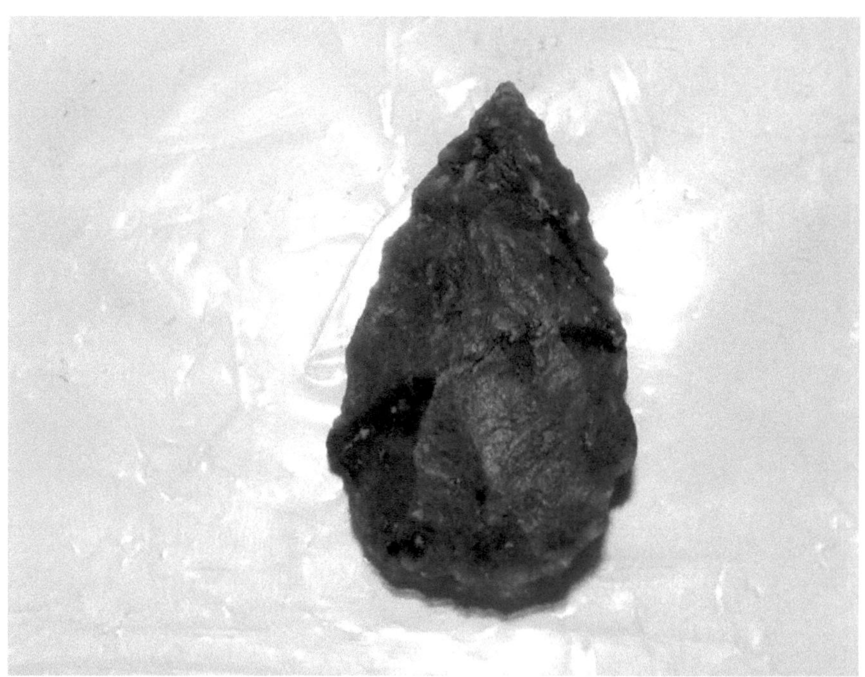

Punta de flecha - Archivo Comunidad Ticas - Foto Carlos Pucheta Medina

Etelvina Cufre - Telandera de Los Barriales - San Carlos Minas - Foto Carlos Pucheta Medina

*Miembros de la Comunidad Ticas - San Carlos Minas -
Foto Carlos Pucheta Medina*

*Morteros en territorio de la Comunidad Ticas -
Foto Carlos Pucheta Medina*

En este mes de octubre, en que los árboles del monte inician su preñez frutal y el aire entibia la tierra despertando, el destino fecundo de su maternidad.

Nuestras madres esperan que se geste "humanidad".

En un sendero del monte, ahí, desde su vieja greda, un trocito de cerámica me transporta, hasta tus manos.

Y pienso.

¡Qué manos tan bellas habrán amasado la tierra arcillosa, creando vasijas! Hoy, tengo en las mías, un trozo de aquellas vasijas de barro, mi América india.

Me hablan de ríos, de arroyos, de luna, de fuego encendido; de serenos pasos, andando descalzos, senderos antiguos.

Entre las cenizas de brazas de taku, tus manos morenas, Anku, han recogido; comerán los niños alimento dulce, regalo divino.

En flores de tuska, te veo, mi niña, y el perfume a chilca te vuelve a la vida.

Y sigo tus pasos, y es tu voz que grita; cuando escucho, charqui, churqui, o pichanilla.

Te debo el silencio y te debo el grito, mi América india. De serenos pasos, andando descalzos, senderos antiguos.

¡Qué manos tan bellas! ¡Mi América india!

La colaboración entre los hombres debe acrecentar la totalidad del hombre, Humanizarnos, trascender el interes individualista que nos ha dañado tanto.

Desde la cosmovisión de los pueblos originarios, surge como un mandato, la urgencia de acceder a una conciencia crítica, desde donde vivenciar la responsabilidad y el compromiso.

Comprometer la vida hasta llegar a sentir como propia la vida de nuestros hermanos. En estos tiempos en que el sistema imperante nos propone modelos momificantes, sumisos, acríticos, condenados al individualismo, al sálvese quien pueda; opongamos la esperanza de renacer junto al otro y desde el otro.

¡QUÉ TODOS MARCHEMOS JUNTOS!

¡QUÉ NADIE SE QUEDE ATRÁS!

¡QUÉ A NADIE LE FALTE NADA!

¡QUÉ TODOS TENGAMOS TODO!

A ese abuelo antiguo, que anda por mi sangre, recordándome la inmensidad de una patria milenaria.

TATAI ALGARROBERO

Tatai algarrobero, cuero moreno, ticas y chuncano, ais de ser vos. Del tiempo e ñaupa, me andas siguiendo, machau de aloja; tatai algarrobero. Dame de tu machadura, cuero moreno, que de tu linaje vengo, tatai algarrobero.

En tu danzar tan dulce, como mielcita i palo, el sonko anda en tu pecho, con mocedad de taku

Tatai, dame tu magia, tu alegría embriagadora, pa que mi sangre se temple, que quiero bailar yo ahora. Si trepas por la distancia, si vadeas el largo olvido, en este instante profundo, llegate a este tiempo mío.

Con tu mano de piel oscura, y la hondura de tu raza, golpeá el parche de mi pecho, chumau de antiguas nostalgias. Y ya que de pedir se trata. Quiero tu fuego, pa que me ilumine el alma, tatai algarrobero.

Glosario.

Abya yala: continente Americano

Rumi: piedra

Tiento:tira de cuero

Mamacunas: comadrona, partera

Guagua: niño pequeño

Naguan: Autoridad de comunidad comechingon

Ticas: Nombre propio

Cimarron: Animal sin dueño

Pecana: Piedra plana

Conana: Piedra cóncava

Camin: Sierra

Huayra muyo: Remolino de viento

Huayra: Viento

Chaquiras: Adornos realizados con un tipo de caracol

Cebil: Arbol de cuyos frutos usaban para lograr estados especiales de conciencia.

Pacha Mama: Madre Tierra

Rescoldo: Pequeñas brazas que quedan de un fuego

Antigal: Cementerio

Chabalongo: Enfermedad producida por la ingesta de langostas

Quilis: Nombre propio

Cositonos: Nombre propio

Guasapampa: Cadena montañosa del n.o de Córdoba

Charquina: localidad del dto. Minas

Quimacu: Nombre propio

Corpacha: Encuentro

Achuras: Organos internos del cuerpo

Camin Chin Can: Grito de guerra de los originarios de Córdoba

Charqui: Alimentos disecados

Aloja: Bebida alcóholica obtenida de la algarroba

Onchi: Nombre propio

Aguayo: Tejido en telar rústico, tela de mucha belleza

Mamacha: Gran madre

Naures: Etnia originaria, del N.O de Córdoba

Morteros: Piedra ahuecada que sirve entre otros usos, para moler

Chilca: Planta arbustiva, de hojas brillantes y flores perfumadas

Liguilla: Planta parásita de flores vistosas y perfumadas

Utaco: Muy satisfecho, repleto

Gualichu: Embrujamiento, maleficio

Huacas: Enterratorios

Quinchirin: Arbol autóctono

Chacaras: Chacras, espacio apto para siembra

Umta: Humita, alimento cuyo principal ingrediente es el maiz

Taku: Árbol sagrado del pueblo comechingon. Algarrobo

Huaukes: Hermanos

Pacha Manca: Espacio ahuecado en la tierra donde se cocinan alimentos

Suiko: Planta de semillas muy perfumadas

Chuncanos: Caminante, piernas resistentes al cansancio

Tuetano: Médula osea

Conchabado: Empleado temporalmente

Añapa: Roto, romper

Yesquero: Elemento para producir fuego

Tatai: Mi padre

Ñaupa: Muy antiguo en el tiempo

Machau: Borracho

Chumau: Borracho

Sonko: Corazón

Printed by Books on Demand GmbH, Norderstedt / Germany